자두의 과학일기

자두의 과학일기 [인체]

2016년 12월 30일 초판 1쇄 발행
2024년 7월 25일 초판 9쇄 발행

글 | 서지원
그림 | 장여회

발행인 | 정동훈
편집인 | 여영아
편집 | 김지현, 김학림, 김상범, 변지현
디자인 | 김지수, 장현순
제작 | 김종훈
발행처 | ㈜학산문화사
등록 | 1995년 7월 1일 제3-632호
주소 | 서울 동작구 상도로 282 학산빌딩
전화 | 편집 문의 02-828-8873 영업 문의 02-828-8962
팩스 | 02-823-5109
홈페이지 | www.haksanpub.co.kr

ⓒ이빈, 서지원, 장여회 2016
ISBN 979-11-256-5035-5 74400
　　　979-11-256-5033-1 (세트)

※KC마크는 이 제품이 공통안전기준에 적합하였음을 의미합니다.
※이 책은 저작권법에 따라 한국 내에서 보호받는 저작물이므로 무단 전재와 무단 복제를 금합니다.
　이 책의 전부 또는 일부를 이용하려면 반드시 저작권자와 출판사의 동의를 받아야 합니다.
※잘못된 책은 바꾸어 드립니다.

자두가 가장 궁금해하는
인체 상식 25가지

[인체]

채우리

| 머리말 |

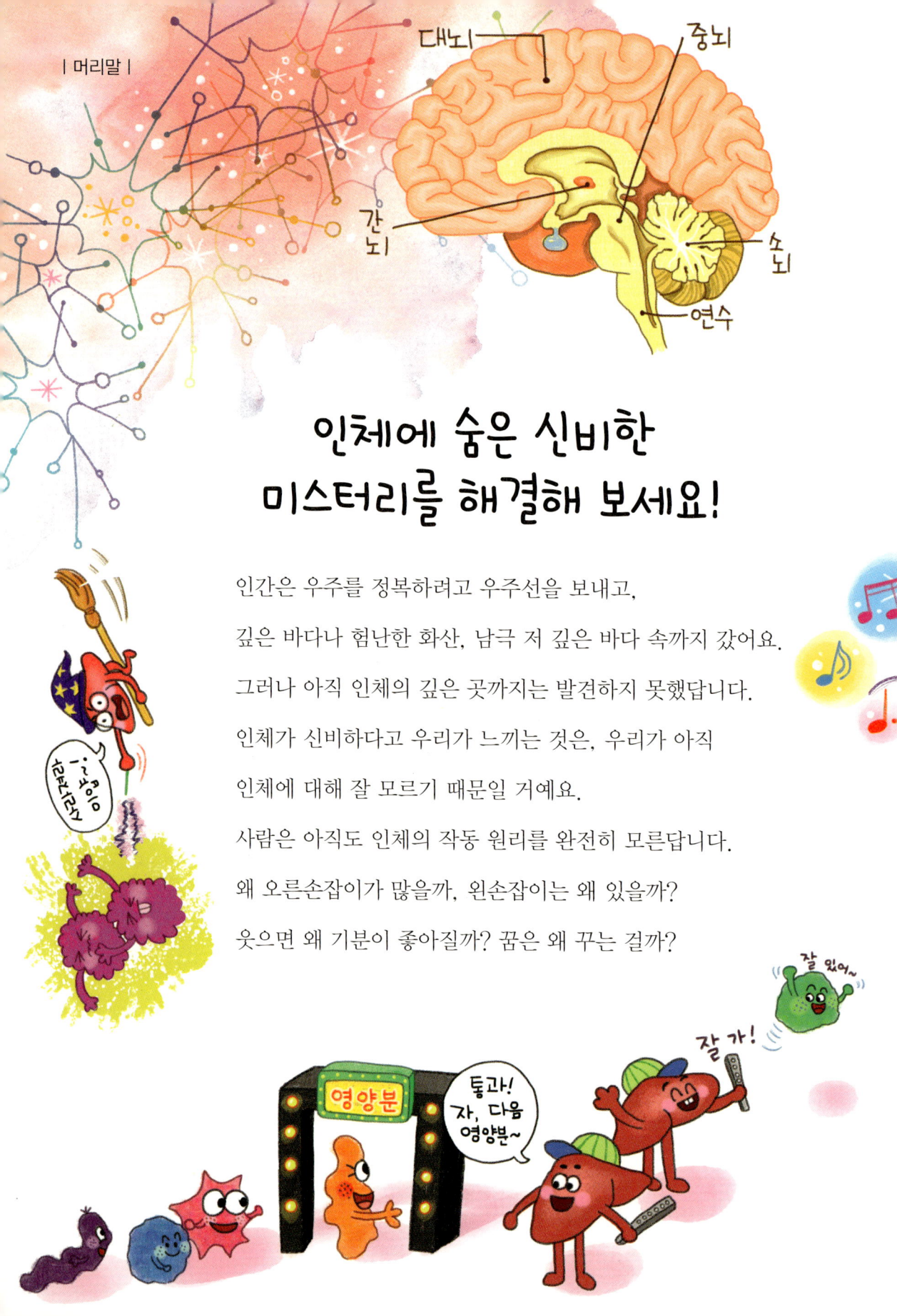

인체에 숨은 신비한
미스터리를 해결해 보세요!

인간은 우주를 정복하려고 우주선을 보내고,

깊은 바다나 험난한 화산, 남극 저 깊은 바다 속까지 갔어요.

그러나 아직 인체의 깊은 곳까지는 발견하지 못했답니다.

인체가 신비하다고 우리가 느끼는 것은, 우리가 아직

인체에 대해 잘 모르기 때문일 거예요.

사람은 아직도 인체의 작동 원리를 완전히 모른답니다.

왜 오른손잡이가 많을까, 왼손잡이는 왜 있을까?

웃으면 왜 기분이 좋아질까? 꿈은 왜 꾸는 걸까?

과학이 인체에 대해 풀지 못한 미스터리가 아직도 많아요.
이것을 하나씩 풀어 가다 보면, 인간은 왜 태어났고,
어떻게 태어났는지 알게 되겠지요.
또 인간을 괴롭히는 병을 해결할 수도 있을 거예요.
인체에 대한 호기심과 그것을 해결하려는 마음은
인류를 사랑하고, 고통에 시달리는 많은 사람들을 구하는
바탕이 될 것입니다.
인체는 우리 모두가 꼭 해결할 숙제입니다.

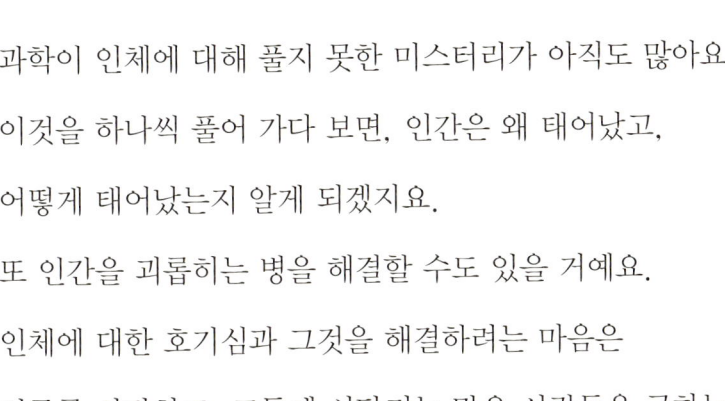

| 차례 |

1장
사람의 몸은 무엇으로 이루어졌을까?

난 뚱뚱한 게 아니야! · 10
우리 몸은 무엇으로 이루어져 있을까?

아빠랑 나는 붕어빵 · 14
생김새를 결정하는 비밀이 있다고?

때 벗기기 싫어! · 18
때가 피부를 보호한다고?

털북숭이 아빠 · 22
털은 우리 몸에서 어떤 일을 할까?

손발톱의 비밀 · 26
손톱 발톱도 피부라고?

왕년의 슈퍼스타 · 30
근육은 어떻게 움직이는 걸까?

2장
눈, 코, 입, 귀가 하는 일

아빤 왜 공부를 못했어? · 36
머리가 크면 공부를 잘할까?

내 눈은 아주 커! · 40
눈 안에는 세상이 거꾸로 비친다고?

미미의 분노 · 44
어떻게 냄새를 맡을 수 있는 걸까?

사오정 민지 · 48
어떻게 소리를 들을 수 있는 걸까?

절대 미각 자두 · 52
혀는 어떻게 맛을 볼 수 있는 걸까?

건드리기만 해 봐! · 56
이는 무엇으로 만들어져 이렇게 단단한 걸까?

3장 우리 몸의 뼈와 피

가장 단단한 무기! · 62
우리 몸에는 뼈가 몇 개나 있을까?

키가 좀 더 컸어요 · 66
키는 어떻게 자라고, 관절은 어떻게 움직일까?

형제는 사이좋게 지내야 해! · 70
피는 우리 몸에서 어떤 일을 할까?

피가 무지개 색깔이라면? · 74
팔목에 비친 핏줄은 왜 푸르게 보일까?

차는 도로로, 피는 혈관으로! · 78
피는 어떻게 온몸으로 다니는 걸까?

내 음식은 먹으면 안 돼! · 82
혈액형이 다른 사람의 피를 수혈받으면 어떻게 될까?

4장 우리 몸을 이루는 기관

뇌는 슈퍼컴퓨터 · 88
조그만 뇌가 어떻게 우리 몸을 움직인다고?

심장처럼 부지런해야 해 · 92
심장은 어떻게 쉬지 않고 뛰는 걸까?

뱃속에 든 거지 · 96
음식물은 어떻게 소화가 될까?

간 때문이야! · 100
간은 어떤 일을 할까?

쓸개가 빠졌다고? · 104
쓸개는 어떤 일을 할까?

허리가 잘록해지려면 · 108
허파는 어떻게 숨을 들이쉬고 내쉬게 할까?

윽, 불났어! · 112
방귀에 불을 붙이면 붙을까?

1장
사람의 몸은 무엇으로 이뤄졌을까?

01 난 뚱뚱한 게 아니야!
우리 몸은 무엇으로 이루어져 있을까?

02 아빠랑 나는 붕어빵
생김새를 결정하는 비밀이 있다고?

03 때 벗기기 싫어!
때가 피부를 보호한다고?

04 털북숭이 아빠
털은 우리 몸에서 어떤 일을 할까?

05 손발톱의 비밀
손톱 발톱도 피부라고?

06 왕년의 슈퍼스타
근육은 어떻게 움직이는 걸까?

[세포란 무엇일까?]

난 뚱뚱한 게 아니야!

| 3월 6일 월요일 | 날씨 찬 공기까지 무겁게 느껴진 날 |

선생님께서 우리 몸은 세포로 이루어졌다고 말씀하셨다. 키가 크고 몸무게가 많이 나가는 사람은 그만큼 세포가 많은 거랬다. 그런데 사람들은 우리 몸이 세포로 이뤄졌다는 것에 대해 잘 모르는 것 같다. 그러니까 나더러 자꾸 뚱뚱하다고 하지! 앞으로 사람들에게 얘기해 줘야겠다. 난 뚱뚱한 게 아니라 세포가 많은 것일 뿐이라고. 그런데 세포라는 게 뭐지?

우리 몸은 무엇으로 이루어져 있을까?

사람의 몸은 세포로 이뤄져 있단다. 세포는 눈에 보이지 않을 정도로 작아. 현미경으로 들여다보지 않으면 그 모양을 제대로 볼 수조차 없을 정도지.

그렇게 작은 세포로 몸이 만들어졌다고요?

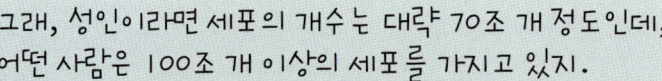

그래, 성인이라면 세포의 개수는 대략 70조 개 정도인데, 어떤 사람은 100조 개 이상의 세포를 가지고 있지.

정말 어마어마한 개수네요? 눈이 빙글빙글 돌고 앞이 어질어질할 정도로 많아요. 그러면 뚱뚱한 사람은 세포의 개수가 많겠네요?

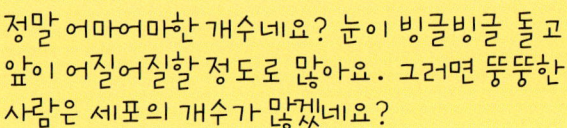

그렇단다. 사람마다 세포의 크기는 차이가 없지만 세포의 수가 더 많은 거란다. 아마도 지방 세포가 더 많겠지.

지방 세포는 우리 몸의 살을 만드는 세포야. 신경 세포, 줄기세포, 체세포 등 세포도 종류가 여러 가지지.

사람 몸의 세포는 크게 세포막, 세포질, 핵 이 3가지로 이뤄져 있어. 세포막은 세포 바깥쪽을 둘러싸고 있는 막이고, 세포질은 세포의 에너지를 만들어 내고, 영양분을 공급해 주지. 핵은 세포에서 가장 중요한 곳이야. 세포의 중심에 있지.

아하! 달걀에서 노른자 같은 거로군요?

그렇지. 핵 속에는 사람의 유전을 결정하는 DNA(디엔에이)가 들어 있어. DNA는 현미경으로도 보기 힘들 정도로 작고 가느다랗단다. DNA에는 많은 비밀이 숨어 있어.

[세포 속 DNA]

아빠랑 나는 붕어빵

| 3월 7일 화요일 | 날씨 쌍둥이 나비가 날아다닌 날 |

길을 가는데 동네 할아버지랑 할머니가 "너, 요 앞에 사는 최가네 자식 맞지?" 하고 물었다. 아빠랑 내가 너무 닮아서 한눈에 알아보았다는 것이었다. 순간 기분이 나빴다. 아빠는 못생긴 배불뚝이 아저씬데 나랑 닮았다고? 나는 아빠처럼 배도 많이 나오지 않았는데 어디가 닮았다는 건지 도저히 이해가 되지 않는다. 그런데 왜 우리는 엄마 아빠를 닮게 되는 걸까?

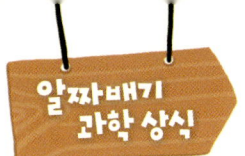

생김새를 결정하는 비밀이 있다고?

생김새를 결정하는 것은 바로 DNA라는 것이지. 세포의 핵 속에는 DNA라는 것이 들어 있다고 했지? DNA는 마치 사다리를 꼬아 놓은 것처럼 생겼는데, 이것은 생물의 생김새나 성격, 다양한 특징들을 결정짓는데 아주 중요한 역할을 해. 바로 그 속에 사람의 '유전자'가 담겨 있거든.

한번쯤 "어디는 엄마를 닮고, 어디는 아빠를 똑 닮았네."라는 식의 말을 들어본 적이 있을 거야. 부모의 특징을 자식이 그대로 물려받는 것을 '유전'이라고 하는데, 머리카락 색, 코의 모양, 목소리, 모두가 이런 유전을 통해서 결정되는 거란다.

사람마다 피부색도 다르고, 발 크기도 다르고, 성격이나 생김새가 모두 다른 건 DNA 속 유전자 때문이란다.

내가 왕발인 것도! 뱃살이 나온 것도 모두 아빠의 유전자 때문이로군요!

유전자는 사람의 성격은 물론이고 머리카락 색깔, 발 크기, 눈동자 색깔, 피부 색깔, 손 모양 등 온갖 정보를 담고 있어.

DNA는 생물의 설계도라고 할 수 있어. 어떤 눈 모양, 어떤 머리 색깔, 어떤 코 모양을 갖게 될지 DNA 속에 다 나타나 있지.

으앙, 아빠 미워! 아빤 왜 아빠의 DNA만 나한테 물려준 거야!

부부가 결혼을 해서 아이를 낳게 되면 어느 한쪽의 DNA만 닮는 게 아니야. 양쪽의 DNA를 골고루 닮지.

정자와 난자에는 아빠의 DNA와 엄마의 DNA가 골고루 들어가 있어. 그러니까 아이는 엄마랑 아빠를 섞어 놓은 거라고 할 수 있어.

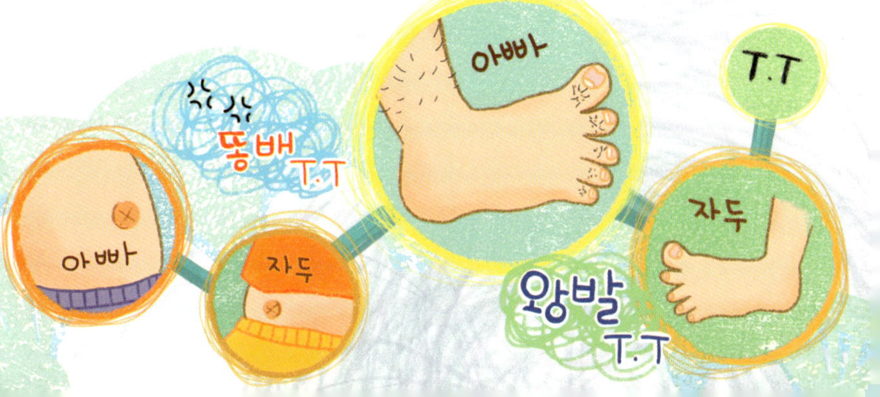

몸을 보호하는 피부

때 벗기기 싫어!

3월 11일 토요일 | 날씨 목욕하고 나니까 땀이 난 날

오 마이 갓! 정말 충격적인 사실을 알게 됐다. 나는 때가 더러워서 생기는 것인 줄 알았다. 그런데 책을 읽고 때가 어느 정도 있어야만 나쁜 세균이 몸속으로 침입하는 걸 막을 수 있다는 걸 알게 됐다. 엄마는 목욕할 때 항상 때를 빡빡 밀어야 한다고 했는데, 그러면 오히려 피부가 병들 수 있다니! 이제부턴 절대 때를 밀지 말아야겠다. 그런데 때는 어떻게 피부를 보호하지?

각질은 안쪽에 있는 세포를 보호하고, 병원균의 침입을 막을 뿐만 아니라 몸속의 수분이 밖으로 날아가지 않도록 지키는 역할을 해. 그러니 때를 밀게 되면 우리 몸의 보호막을 싹 벗겨 내는 거나 마찬가지겠지.

헉, 그럼 이제부터 목욕은 절대로 하지 말아야겠네요?

각질층, 그러니까 때는 시간이 지나면 저절로 떨어져 나가게 돼. 오랫동안 씻지 않으면 피부에 허연 먼지 같은 것이 일어나는 걸 보게 될 거야. 그게 바로 죽은 피부가 떨어져 나가는 거지.

죽은 세포들을 떼어 내는 것은 피부에 좋은 일이지만, 너무 세게 피부에 자극을 주는 건 좋지 않아.

[몸을 보호하는 털]

털북숭이 아빠

3월 13일 월요일 | 날씨 아빠 닮은 구름이 몰려온 날

아빠는 면도를 잘 안 한다. 턱에 수염이 나면 엄청 따갑고 아픈데, 아빠는 그걸 잘 모른다. 엄마도 아빠한테 제발 수염 좀 깎으라고 잔소리를 한다. 그래도 아빠는 수염이 좋단다. 수염이 있는 남자가 진짜 멋있는 남자라나 뭐라나. 수염이 나면 더러워 보이고, 인상도 험상궂어 보이고, 예쁘지도 않다. 그런데 털은 왜 나는 거지?

알짜배기 과학 상식

털은 우리 몸에서 어떤 일을 할까?

 사람의 피부엔 약 500만 개의 털이 나 있어.

 털은 왜 나는 거예요?

털은 피부가 변해서 된 거야. 털은 겨울에는 추위를 막아 주고, 여름에는 햇볕의 자외선으로부터 피부를 보호해 준단다.

털도 우리 몸에서 아주 중요한 임무를 맡고 있어. 몸에 수북하게 난 가느다란 솜털은 몸을 보호해 주고, 몸에서 열이 빠져 나가지 않게 해 줘. 머리카락은 뇌를 보호해 주지. 턱수염은 머리카락과 마찬가지로 머리를 보호하려고 나는 거란다. 턱수염을 보면 머리에서 턱으로 연결된다는 걸 알 수 있어. 머리 전체를 털로 감싸 보호하려고 나는 것이지.

 코털은 숨을 들이마실 때 함께 딸려 들어오는 먼지를 제거해 주는 역할을 해. 속눈썹은 먼지나 이물질이 눈에 들어가지 못하게 하는 일을 하지.

아하! 그렇구나.

눈썹은 이마에서 흘러내린 땀이 눈 속으로 들어가지 못하도록 해 주고, 귀에 난 털 역시 귓속으로 먼지나 이물질이 들어가지 못하게 막아 주지. 겨드랑이 털은 팔과 겨드랑이 사이의 마찰을 줄여 주고 겨드랑이에 땀이 차지 않도록 해 줘.

별것 아닌 것 같은 털들이 저마다 하는 일이 있군요!

 그것이 바로 인체의 신비란다!

[손톱과 발톱]

손발톱의 비밀

3월 14일 수요일 | 날씨 주머니에서 빼면 손이 시린 날

은희가 반짝이는 매니큐어를 칠하고 와서 자랑을 했다. 아이들은 몹시 부러워했다. 나도 부러워서 숨이 꼴깍꼴깍 넘어갈 지경이었다. 엄마한테 당장 나도 매니큐어를 칠하고 싶다고 했다. 그러자 엄마가 손발톱도 피부라서 숨을 쉬게 해 주어야 한다고 말씀하셨다. 헉, 딱딱한 손톱이랑 발톱이 피부였다니. 이제부턴 매일 로션도 발라 주고 깨끗하게 씻어 주어야겠다. 그런데 손발톱은 피부인데 왜 딱딱한 걸까?

손톱 발톱도 피부라고?

우리 몸의 털은 피부가 변해서 생긴 것이라고 했지?
딱딱한 손톱 발톱 역시 피부가 변해서 그렇게 된 것이란다.

 손발톱은 단백질의 한 종류인 케라틴이란 것으로 만들어지지. 케라틴은 피부 가장 바깥쪽에 있는 거야.

 우리 할머니는 발톱이 약하시던데, 케라틴이 부족하신 건가요?

 나이가 들면 손발톱도 약해지지. 그건 피부가 늙어서 그런 거야.

손톱은 말랑말랑한 손가락이 물건을 잘 집을 수 있도록 보조 역할을 해. 만약 손톱이 없다면 손가락만으로는 힘이 약해서 물건을 잘 집을 수 없어.

발톱은 발을 지탱시켜 주는 역할을 해. 만약 발톱이 없다면 약한 발가락 때문에 우리 몸은 제대로 걸을 수가 없지.

그런데 왜 제 손발톱은 분홍색이에요?

건강한 손발톱은 분홍색을 띠고 있어. 손발톱 밑에는 혈관이 흐르는데 그곳을 지나는 피 때문에 분홍색으로 보이는 거지. 병이 든 사람이거나 피가 부족하면 손발톱의 색깔이 변한단다.

손발톱은 손가락 끝 부분에서 자라는 게 아니라, 뿌리 부분에서부터 자라서 위에 있는 부분을 밀어 올려. 손톱은 하루에 약 0.1mm씩 자란다고 해. 그런데 나이가 들수록 자라는 속도도 느려진단다.

가만히 좀 있어 봐! 어머님 가져다 드릴 거란 말이야~!

손톱 뿌리 부분에 반달은 왜 있는 거예요?

반달 모양은 아주 두꺼운 케라틴 층이야. 이 부분은 손톱과 피부의 경계라 보호하려고 다른 부분보다 두꺼운 거야.

여, 여, 보... 빨리 좀 해 봐... T.T

[몸을 움직이는 근육]

왕년의 슈퍼스타

3월 16일 목요일 | 날씨 아빠가 내복을 벗은 날

텔레비전에 나오는 스타들은 다 울퉁불퉁 멋있는 근육이 있다. 그런데 우리 아빠는 물렁물렁 말캉말캉 살만 있다. 스타들의 배는 복근이 있는 빨래판 모양이지만 우리 아빠 배는 쿠션이 있는 D자 모양이다. 그래도 나는 우리 아빠 배가 좋다. 딱딱한 근육질 배보다는 베개처럼 폭신하고, 꼬르륵꼬르륵 소리가 나는 배가 좋다. 아빠 배를 베고 있으면 잠이 정말 잘 온다. 그런데 근육이 없으면 우리 몸은 어떻게 되지?

알짜배기 과학 상식

근육은 어떻게 움직이는 걸까?

우리 몸이 움직이려면 근육이 반드시 있어야만 한단다. 근육은 우리 몸무게의 약 절반 정도를 이루고 있는데, 근육에는 세 가지 종류가 있어. 첫째는 뼈에 붙어 있는 근육으로 이 근육을 '골격 근육'이라고 해. 골격 근육은 뇌가 시키는 대로 움직일 수 있어서 '마음대로근'이라고도 한단다.

골격근육

골격 근육은 힘이 좋아서 아주 센 힘을 낼 수 있지만 쉽게 피로해져서 움직이고 나면 휴식을 취해 줘야만 하지.

맞아요. 운동을 하고 나면 피곤해서 꼭 쉬어야 해요.

두 번째 근육은 몸속 내장 기관을 이루는 근육이야. 이 근육을 '내장 근육'이라고 하는데 이것은 우리 마음대로 움직임을 조절할 수 없어. 그래서 사람들은 내장 근육을 '제대로근'이라고도 한단다. 소장이나 대장 같은 것은 모두 내장 근육에 속해. 이 근육은 피로를 쉽게 느끼지 못하는 게 특징이라고 할 수 있지.

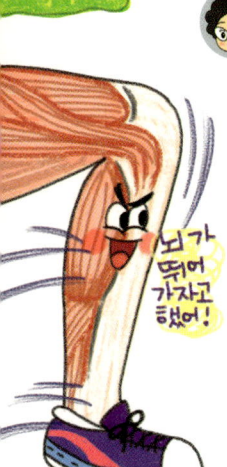

뇌가 뛰어가자고 했어!

피곤하면 쉬어~

근육자랑대회

골격근육 선수! 분발하셔야 겠습니다!

2장 눈, 코, 입, 귀가 하는 일

01 아빠 왜 공부를 못했어?
머리가 크면 공부를 잘할까?

02 내 눈은 아주 커!
눈 안에는 세상이 거꾸로 비친다고?

03 미미의 분노
어떻게 냄새를 맡을 수 있는 걸까?

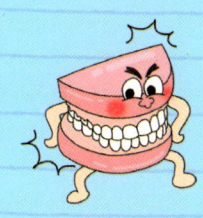

04 사오정 민지
어떻게 소리를 들을 수 있는 걸까?

05 절대 미각 자두
혀는 어떻게 맛을 볼 수 있는 걸까?

06 건드리기만 해 봐!
이는 무엇으로 만들어져 이렇게 단단한 걸까?

3월 20일 월요일 | 날씨 커다란 해님이 방긋 웃은 날

우리 반에 '왕대갈'이란 아이가 있다. 왕대갈은 머리가 너무 커서 앞으로 고꾸라질 것만 같다. 그래도 우습게 보면 안 된다. 왕대갈은 머리가 엄청 좋기 때문이다. 수업 시간에 나랑 똑같이 놀고, 나랑 똑같이 먹고, 나랑 똑같이 잠을 잤는데도 시험만 보면 무조건 일등이다. 거기다가 한 번 읽은 책 내용도 술술 외울 정도로 암기도 잘한다. 아빠는 그게 다 머리가 커서 똑똑하기 때문이라고 했다. 아빠 말대로 정말 머리가 크면 더 똑똑한 걸까?

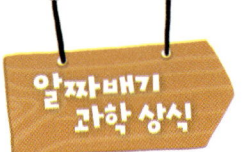

머리가 크면 공부를 잘할까?

머리가 크면 정말 똑똑할까? 우리 몸에서 뇌는 모든 것을 책임지고 관할하는 기관이잖아. 머리가 크다는 건 그만큼 뇌가 크다는 뜻이고, 뇌가 크다는 건 다른 사람들보다 훨씬 더 기억도 잘할 수 있고, 계산이나 판단도 잘할 수 있다는 뜻이 아닐까? 사람들은 오랫동안 이 질문에 대한 답을 찾으려고 애썼지. 과연 그럴까?

우리가 세상에서 가장 똑똑하다고 일컫는 천재 과학자 아인슈타인의 뇌는 일반인보다 훨씬 작았다고 해.

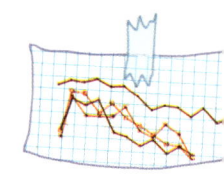
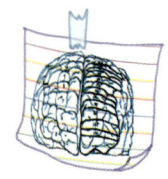

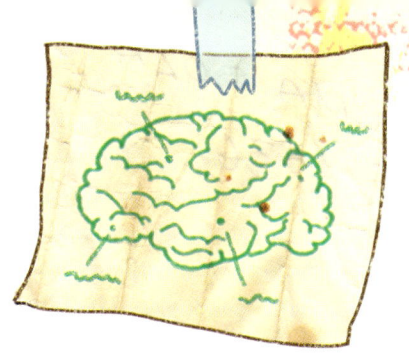

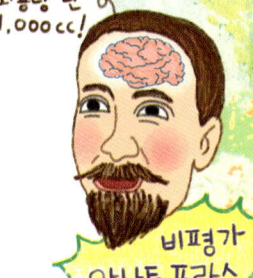

그럼 머리 크기는 지능하고 관계가 없는 거예요?

그래, 그래서 학자들은 '대뇌 피질'에 주목하기 시작했단다. 대뇌 피질은 대뇌 표면의 회백질로 이루어진 부분을 말해.

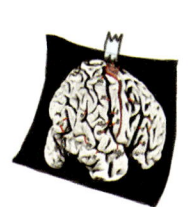

실제로 대뇌 피질 두께와 지능 지수(IQ)에 관한 연구 결과도 있단다. 미국 국립정신건강연구소가 어린이 307명을 대상으로 대뇌 피질의 발달 과정을 조사했더니 지능 지수가 평균보다 높은 아이들은 7살 정도까지 대뇌 피질이 매우 얇았고 12살이 되면서부터 점점 두꺼워지는 경향을 보였다고 해. 반면 지능 지수가 평균 정도인 아이들은 처음부터 대뇌 피질이 두꺼운 편이었다지.

대뇌 피질이 얇을수록 더 똑똑하다는 건가요?

아직 사람의 뇌 크기와 지능의 관계를 속 시원히 밝힌 연구 결과는 나오지 않았으니 장담할 순 없지.

3월 21일 화요일 | 날씨 눈이 커서 먼지가 많이 들어온 날

돌돌이 눈은 단춧구멍처럼 작다. 그 눈으로 어떻게 세상을 볼 수 있을까 싶을 정도로 작다. 그런데 돌돌이는 자기 눈이 실제로는 탁구공처럼 크다고 우겼다. 눈구멍이 작은 거지 눈알은 아주 크다는 것이다. 돌돌이는 자기도 눈구멍 속에 있는 눈알은 아주 크니까 앞으로는 눈이 작다고 놀리지 말아 달라고 했다. 돌돌이 눈이 사실은 탁구공만큼이나 컸다니, 지금까지 놀린 게 미안해진다. 그런데 눈 안에 어떤 장치가 있어서 볼 수 있게 하는 걸까?

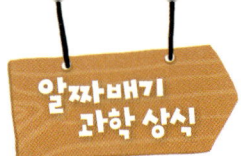
알짜배기 과학 상식

눈 안에는 세상이 거꾸로 비친다고?

사람의 눈알은 탁구공만 하단다. 눈알 하나의 지름은 2.4cm 정도이고 무게가 7g쯤 되거든. 눈알은 머리뼈 양쪽에 움푹 파여 있는 눈구멍 속에 안전하게 들어 있어. 우리가 보는 눈은 겉으로 드러난 일부분에 불과하지. 눈은 뇌에서 시작해 안구, 수정체, 각막의 순서로 안에서 밖으로 만들어져 나와.

우리 눈이 어떻게 사물을 인식하는지 알려 줄게. 우리 눈은 빛이 없으면 사물을 볼 수 없어. 밖에서 들어온 빛이 각막, 수정체, 유리체를 지나 망막에 이르면 상이 꺾여 거꾸로 맺히고, 그것이 뇌로 전달되어 모습을 볼 수 있게 된단다.

그렇게 복잡하다니!

설명은 길었지만 이 과정은 눈 깜작할 사이에 벌어지는 일이란다.

전달!

수정체
각막
동공(눈동자)
유리체
망막

돌돌이다! 돌돌아~!

한 번쯤 어두우면 왜 아무것도 보이지 않는 건지 궁금한 적이 있었을 거야. 우리가 어두운 곳에서 앞을 제대로 볼 수 없는 건 망막에 물체가 제대로 맺히지 않기 때문이야.

빛이 어떤 물체를 비추면 반사가 되지. 그렇게 반사된 빛이 눈동자를 통해서 눈으로 들어오려면 눈 뒤쪽 벽인 망막에 물체의 모양이 맺혀야만 해. 그러면 뇌는 우리가 보고 있는 것을 감지하지.

또, 눈은 0.1mm 이하의 크기는 보지 못해. 아무리 좋은 안경을 써도 그렇게 작은 걸 볼 수는 없단다.

왜요? 아주 작은 것도 볼 수 있으면 좋을 텐데!

우리 눈이 볼 수 있는 크기에 한계가 있으니 오히려 다행일지도 모르지. 만약 0.1mm 이하의 작은 크기까지 훤히 볼 수 있다면 공기 중에 떠다니는 먼지, 작은 세균 같은 것도 볼 수 있게 되잖아. 그러면 세균이 득실거리는 것까지 보게 되잖아.

[냄새를 맡는 코]

미미의 분노

3월 22일 수요일 | 날씨 방 안이 건조해서 코가 마른 날

미미한테 맞아서 코피가 났다. 태어나서 처음 흘려 보는 코피였다. 미지근하고 끈적끈적한 액체가 코에서 주르륵 흘러내리는 순간, 나는 너무 놀라서 엉엉 울음을 터뜨렸다. 아프지는 않았지만 엄청 겁이 났다. 코피는 공부를 열심히 하는 사람한테만 나오는 건 줄 알았는데 말을 안 듣거나 말썽을 부려도 나온다는 걸 처음 깨달았다. 어이쿠, 코딱지가 많이 생겼네. 그런데 코는 어떻게 냄새를 맡게 되는 걸까?

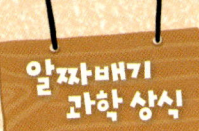

알짜배기 과학 상식

어떻게 냄새를 맡을 수 있는 걸까?

코는 눈이나 귀보다 훨씬 민감해서 아주 작은 자극에도 반응을 하지. 하지만 가장 빨리 피로를 느낀단다. 예를 들어 화장실에 들어갈 때는 냄새를 진하게 느끼지만 점점 냄새를 맡지 못하게 되는데, 그건 코가 지쳐 버렸기 때문에 더 이상 냄새를 맡지 못하는 거란다.

코는 수천 가지의 냄새를 구별해. 코가 아주 예민한 사람은 공기 분자 1조 개 속의 식초 분자 1개를 냄새로 구별할 수 있단다. 이것은 26만 가마니의 쌀 알갱이 속에 섞인 보리 한 알갱이를 찾아내는 것이나 마찬가지이지. 물론 이런 능력은 개에 비하면 아무것도 아닌 하찮은 능력일 거야. 사람이 냄새 맡는 능력이 1이라면 개의 능력은 300 정도 되거든.

찾았다!!
킁킁

나이가 들수록 냄새 맡는 능력이 떨어진단다. 갓난아이의 능력이 100이라면 20세 때 80, 60세 때 40, 80세 때 30까지 떨어져.

그럼 맛있는 음식 냄새도 제대로 못 맡겠네요?

맞아, 냄새 맡는 능력이 떨어진 사람은 같은 음식을 먹더라도 맛이 없게 느껴진단다. 나이가 들수록 세상에서 맛있는 음식이 점점 사라지는 건 그런 이유에서이지.

양쪽 콧구멍 안쪽 천장에 1천여 개의 후각 수용체(냄새를 맡는 세포)가 모여 있어. 한 개의 후각 수용체는 2~3가지 냄새를 맡을 수 있단다. 이를테면 불고기 냄새와 식초 냄새를 맡는 후각 수용체가 하나 속에 같이 있는 것이나 마찬가지이지.

[소리를 듣는 귀]

사오정 민지

| 3월 23일 목요일 | 날씨 흰 구름이 둥둥 떠 있는 날 |

민지랑 집에서 텔레비전을 보고 놀았다. 그런데 아까 먹은 떡볶이랑 콜라 때문인지 트림이 나왔다. 순간 나도 모르게 꺼억 소리를 내고 말았다. 그러자 민지가 나를 향해 두 눈을 동그랗게 뜨더니 "재미있는데 텔레비전을 왜 끄라는 거야?"라고 물었다. 민지는 사오정인 것 같다. 아니면 귀지가 너무 많아서 소리를 제대로 못 듣는 걸까? 엄마한테 민지 귀지를 파 달라고 부탁하고 싶다. 그런데 귀는 어떻게 소리를 듣게 되는 걸까?

알짜배기 과학 상식

어떻게 소리를 들을 수 있는 걸까?

귀지는 피지샘에서 나오는 지방 성분과 죽은 세포, 찌든 먼지가 합쳐져 생기는 것이란다.

아하! 그렇구나.

귀는 외이(바깥귀), 중이(가운데 귀), 내이(속귀) 세 부분으로 나눌 수 있어. 외이 가운데 가장자리 부분인 귓바퀴는 탄력성이 강한 물렁뼈로 되어 있고 밖에서 나는 소리를 잘 들을 수 있도록 한데 모아 주는 역할을 해.

귓바퀴에 모인 소리는 외이도를 지나 중이와 고막을 진동하게 만들어. 그러면 그 진동이 달팽이관으로 전달되지. 그러면 달팽이관 속의 림프액이 파르르 떨리면서 신경을 자극해 대뇌로 소리를 느끼게 해 주는 것이란다. 소리는 기체(공기), 고체(청소골), 액체(달팽이관)를 거치면서 약 50배가량 진폭이 커진단다.

"최자두!! 최미미!! 게임 하는 소리 다 들려!!!"

공기를 타고 귀로 들어온 소리는 청소골인 뼈를 지나고 림프액으로 전달되었다가 뇌로 전달되는 거야.

그러면 내이는 무얼 하는데요?

내이는 우리 몸의 평형 감각을 유지할 수 있도록 도와줘. 귀에 문제가 생기면 몸을 제대로 가누지 못하거나 어지러움을 느끼게 되지.

우리는 평소에 말을 할 때랑 목소리를 녹음해서 들을 때 다르다는 걸 느끼게 돼. 평소에는 성대 근육의 떨림이 바로 위에 있는 귀로 전달되어 소리를 들을 수 있지만, 녹음기를 통해 소리를 듣게 되면 청소골과 림프액을 지나 뇌로 전달되게 된단다.

중이 | 내이
청소골
청신경
외이도
귓바퀴
고막
달팽이관

[맛을 보는 혀]

절대 미각 자두

3월 26일 일요일 | 날씨 일요일답게 따뜻하고 평온한 날

이건 비밀인데, 나는 우리 엄마가 만든 음식이 세상에서 제일 맛이 없는 것 같다. 그나마 나니까 먹는 거지, 미미나 애기만 봐도 엄마가 만든 음식을 안 먹으려고 한다. 엄마는 내가 예민해서 입맛이 까다로운 것이라고 우기지만 다른 사람들도 엄마 음식을 먹고 나면 표정이 딱딱해진다. 아마 겉으로는 웃고 있지만 속으로는 '정말 맛이 없군!'이라고 생각할 것이다. 그런데 혀는 어떻게 맛을 볼 수 있는 걸까?

혀는 어떻게 맛을 볼 수 있는 걸까?

사람의 입술은 입안의 근육 일부가 바깥으로 말려 나온 것이란다. 입술은 실핏줄이 많아서 붉어 보이는데, 건강이 좋지 않은 사람은 입술색이 퍼렇거나 검은빛을 띠지. 입술을 벌리면 그 안에 혀가 있어. 혀는 모두 알다시피 맛을 보는 기관이야. 그리고 음식을 씹을 때 음식을 침과 함께 섞고 목구멍으로 넘기는 일도 하지.

혀 근육은 크기에 비해 힘이 무척 센 근육이란다. 혀는 음식을 삼키도록 도와주고 침을 삼키는 역할도 하지. 혀의 앞부분을 손가락으로 지그시 누르고 침을 삼키면, 침이 잘 넘어가지 않을 거야. 이것은 입안의 음식이 식도로 내려가는 것을 돕는 혀를 움직이지 못하도록 했기 때문이란다.

혀는 어떻게 맛을 느끼지요?

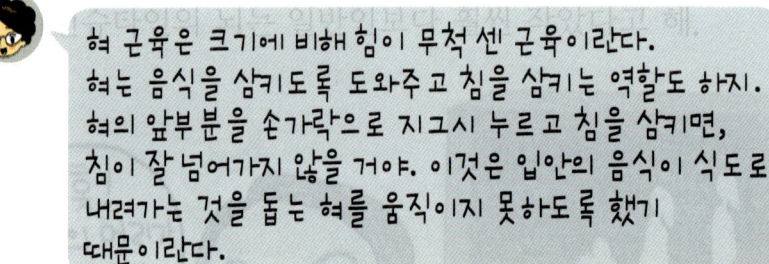

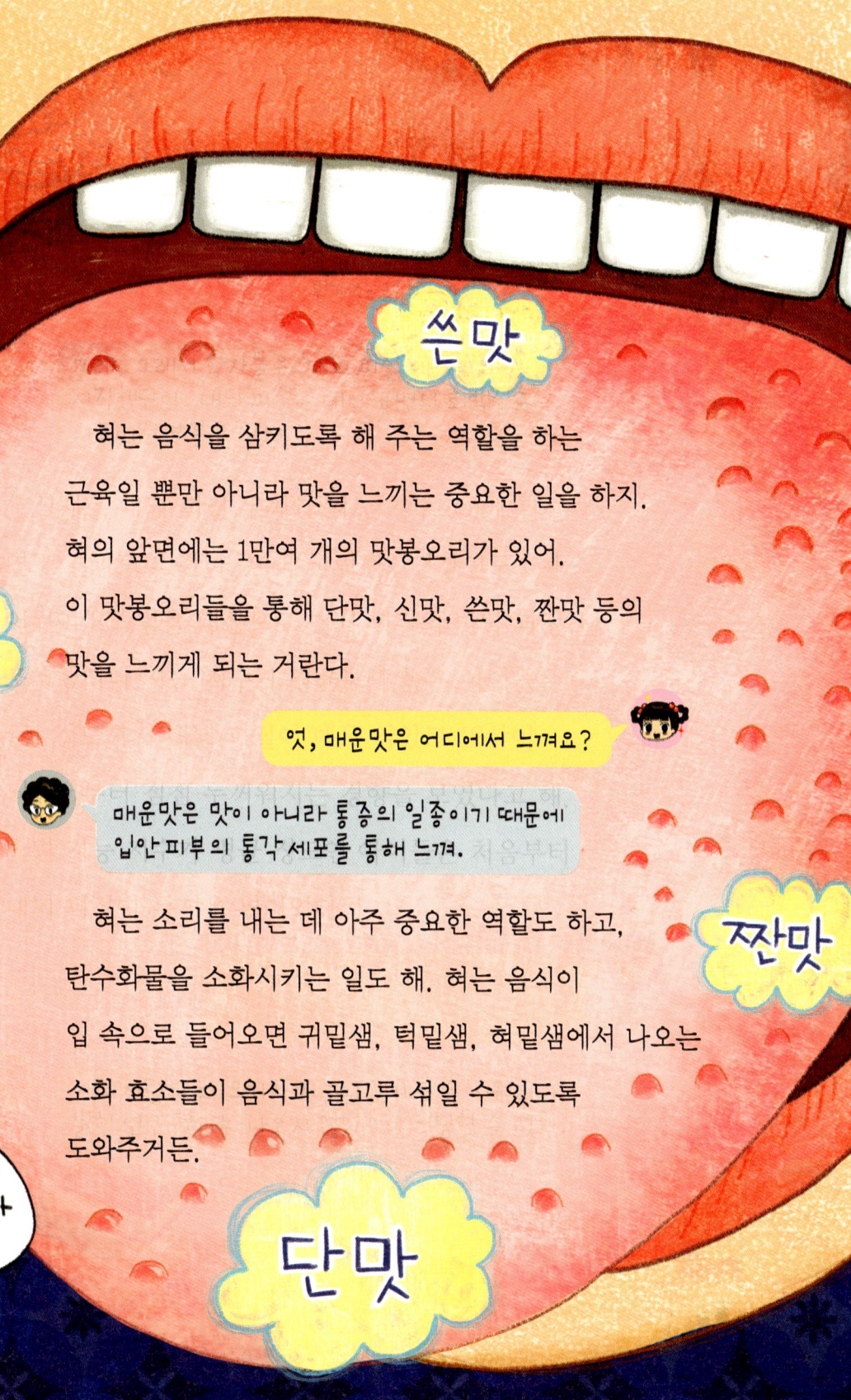

쓴맛

혀는 음식을 삼키도록 해 주는 역할을 하는 근육일 뿐만 아니라 맛을 느끼는 중요한 일을 하지. 혀의 앞면에는 1만여 개의 맛봉오리가 있어. 이 맛봉오리들을 통해 단맛, 신맛, 쓴맛, 짠맛 등의 맛을 느끼게 되는 거란다.

신맛

엇, 매운맛은 어디에서 느껴요?

매운맛은 맛이 아니라 통증의 일종이기 때문에 입안피부의 통각 세포를 통해 느껴.

혀는 소리를 내는 데 아주 중요한 역할도 하고, 탄수화물을 소화시키는 일도 해. 혀는 음식이 입 속으로 들어오면 귀밑샘, 턱밑샘, 혀밑샘에서 나오는 소화 효소들이 음식과 골고루 섞일 수 있도록 도와주거든.

짠맛

맛있다고 놀라지 마!!!

단맛

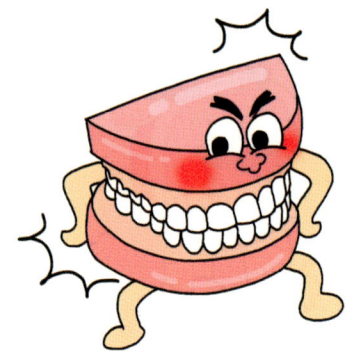

[딱딱한 이]

건드리기만 해 봐!

3월 28일 화요일 | 날씨 입 속으로 먼지가 잔뜩 들어온 날

윤석이가 자꾸 장난을 치고 괴롭혔다. 그래서 복수하려고 윤석이를 앙 물어 버렸는데, 이 자국이 났다. 낮에 윤석이 엄마가 이 자국을 보고 대체 누가 이랬냐며 막 소리를 쳤다. 흉터가 생길 것 같다고도 했다. 겨우 이로 깨문 것일 뿐인데 흉터까지 생기다니. 내 이가 그렇게 셀 줄은 미처 몰랐다. 윤석이가 아프다고 소리칠 때 엄살인 줄 알았는데 진심이었나 보다. 윤석이한테 미안하다. 이럴 줄 알았으면 좀 살살 깨물걸. 그런데 이는 무엇으로 만들어져서 이렇게 단단한 걸까?

이는 무엇으로 만들어져 이렇게 단단한 걸까?

이는 우리 몸에서 가장 단단하지. 이는 뼈의 일종이란다. 이와 뼈는 칼슘과 인으로 만들어져 있어. 이는 턱뼈 속에서 거의 만들어진 상태로 있다가 잇몸을 뚫고 나오게 되지.

아기가 태어난 지 6개월이 지나면 앞니가 삐죽이 올라오기 시작해. 어릴 때 생겨난 이를 젖니라고 하는데, 이것은 모두 20개란다. 하지만 일곱 살 때쯤부터 젖니가 빠지고 영구치라고도 하는 간니가 나게 돼. 사람은 앞니 8개, 송곳니 4개, 작은 어금니 8개, 어금니 12개, 총 32개의 영구치를 이용해 평생 음식을 씹어야 해.

음식을 씹어 잘게 부수는 일을 하는데, 어금니는 자그마치 50kg 정도의 무게를 지탱할 수 있다고 해. 그래서 딱딱한 음식도 잘 씹을 수 있는 거지.

음식을 먹고 나서 이를 깨끗이 닦지 않으면, 이 사이와 표면에 음식 찌꺼기와 세균이 쌓이고 엉겨 붙어서 치석이 된단다.

치석이 나쁜 건가요?

이 치석 속에 사는 세균들이 음식 찌꺼기를 분해할 때 만들어지는 젖산은 이의 겉면을 녹여서 충치를 만들어.

깨끗하고 건강한 이를 유지하려면 하루에 3번, 밥을 먹은 지 3분 안에, 3분 동안 이를 닦아 줘야 한단다. 칫솔질은 너무 세게 하면 모가 닳아서 휘어지게 돼. 그러니 이를 닦을 때는 이 사이에 낀 것을 긁어낸다는 생각으로 부드럽게 문질러 주어야만 해.

3장 우리 몸의 뼈와 피

01 가장 단단한 무기!
우리 몸에는 뼈가 몇 개나 있을까?

02 키가 좀 더 컸어요
키는 어떻게 자라고, 관절은 어떻게 움직일까?

03 형제는 사이좋게 지내야 해!
피는 우리 몸에서 어떤 일을 할까?

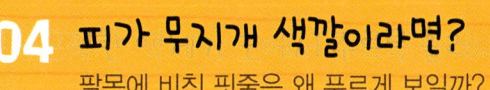

04 피가 무지개 색깔이라면?
팔목에 비친 핏줄은 왜 푸르게 보일까?

05 차는 도로로, 피는 혈관으로!
피는 어떻게 온몸으로 다니는 걸까?

06 내 음식은 먹으면 안 돼!
혈액형이 다른 사람의 피를 수혈받으면 어떻게 될까?

[우리 몸의 기둥, 뼈]

가장 단단한 무기!

| 3월 31일 금요일 | 날씨 겨울이 다시 온 것 같은 날 |

선생님께서 사람의 뼈는 아주 딱딱하다고 말씀하셨다. 특히 사람의 머리뼈는 뇌를 보호해야 하기 때문에 아주 단단해서 쉽게 깨지지 않는다는 것이다. 그런데 엄마가 내 머리에 꿀밤을 톡 때리면 왜 아픈 걸까? 우리 엄마 주먹이 돌보다 단단하고 뼈보다 튼튼하기 때문일까? 아니면 내 머리뼈가 유난히 약하기 때문일까? 아무래도 우리 엄마의 주먹이 정말 맵기 때문인 것 같다. 그런데 우리 몸에 뼈가 몇 개나 있는 거지?

우리 몸에는 뼈가 몇 개나 있을까?

갓 태어난 아기의 뼈는 350개나 되지만 자라면서 뼈끼리 달라붙게 돼. 그래서 어른이 되면 우리 몸의 뼈가 모두 206개로 줄어든단다.

뼈가 없다면 어떻게 될까요?

뼈는 우리 몸을 지탱하는 기둥이나 마찬가지이지. 뼈가 없으면 우리는 몸을 일으킬 수도, 걸을 수도 없을 거야. 뼈는 몸을 지탱하는 일 말고도 뇌와 심장, 폐 등 몸속 기관들을 보호하는 중요한 일을 하지. 동그란 모양의 머리뼈는 뇌를 보호하고, 여러 개의 뼈들이 좌우로 길게 연결되어 큰 공간을 이룬 모양의 갈비뼈는 몸속의 심장, 폐 등 내장 기관을 보호해.

으악! 부러진 것 같아!

[성장판과 관절]

키가 좀 더 컸어요

4월 4일 화요일 | 날씨 꽃들 때문에 추웠던 날

오랜만에 민지랑 같이 키를 쟀다. 나는 키가 그대로인데 민지는 무려 3cm나 더 키가 자랐다. 초등학교에 입학할 때만 하더라도 내가 민지보다 한 뼘은 더 컸는데⋯⋯. 민지는 아주 키가 커지고 나는 점점 더 작아지면 어떡하지? 윤석이가 키 작은 여자는 별로라고 했는데, 키가 빨리 자라는 비법은 없는 걸까? 제발 민지보다 키가 커지고 싶다. 그런데 키는 어떻게 자라는 거지?

알짜배기 과학 상식

키는 어떻게 자라고, 관절은 어떻게 움직일까?

부드러운 뼈 속에서는 '성장판'이라는 게 들어 있어. 바로 이 성장판에서 새로운 뼈를 만들어 내고, 그 뼈는 점점 더 딱딱해지게 되는 거란다. 성장판은 팔다리와 손가락과 발가락, 손목, 팔꿈치, 어깨, 발목, 무릎, 넙적다리뼈(대퇴골), 척추 등 우리 몸의 뼈 중에서 관절과 직접 연결되어 있는 긴 뼈의 끝부분에 있어. 성장기가 되면 성장 호르몬의 영향으로 성장판이 계속 자라게 되지.

성장판은 잠자는 동안 자란단다. 그러니 키가 크고 싶다면 일찍 자고, 일찍 일어나는 습관이 중요하겠지?

우리 아빠 항상 일찍 자는데 왜 키가 더 안 자라는 걸까요?

그건 성장판이 닫혀서 더 이상 뼈가 자라지 않기 때문이지.

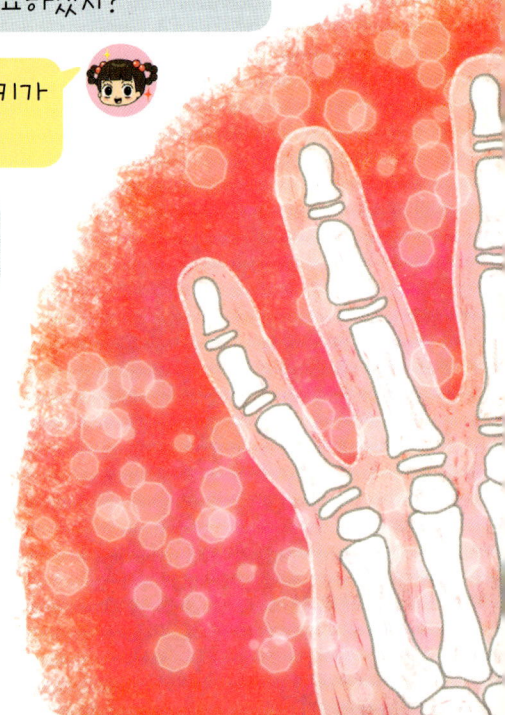

딱딱한 뼈가 부드럽게 움직일 수 있는 것은 관절이 있기 때문이야. 관절은 문을 쉽게 열고 닫을 수 있도록 해 주는 경첩 같은 것이란다. 우리가 손가락이나 팔다리를 자유자재로 움직일 수 있는 것은 모두 관절 덕분이란다. 뼈와 뼈가 서로 부딪히지 않도록 해 주는 것도 관절의 역할이지.

팔이나 손가락을 아무리 바깥쪽으로 굽히려 해도 안 되는 이유는 관절이 한쪽으로만 움직일 수 있게 돕고 있기 때문이지.

목은 이쪽저쪽으로 마음대로 움직일 수 있잖아요!

목이 뒤를 돌아볼 수 있는 건 목뼈가 회전 운동을 하기 때문이야.

열려 있는 성장판!

[우리 몸 곳곳을 도는 피]

형제는 사이좋게 지내야 해!

4월 5일 수요일 | 날씨 비가 와서 나무들이 좋아한 날

엄마는 우리한테 항상 사이좋게 지내야 한다고 말씀하신다. 그러면서 나는 제일 큰 언니니까 미미도 챙기고, 애기도 챙겨야 한다고 말이다. 나는 그런 말을 들으면 억울해진다. 내가 엄마한테 나를 제일 먼저 낳아 달라고 한 것도 아닌데 왜 자꾸 양보를 하라는 걸까? 엄마는 피가 물보다 진하니까 그래야 한단다. 그런데 피는 무슨 일을 하기에 그렇게 중요한 거야?

피는 우리 몸에서 어떤 일을 할까?

피는 우리 몸무게의 약 8% 정도를 차지할 정도로 많지. 피는 혈장과 혈액 세포로 나뉘는데, 혈장에는 물과 영양분, 호르몬 등이 섞여 있어. 혈액 세포는 혈장 속을 떠다니는 적혈구나 백혈구 같은 세포들을 말해.

피는 우리 몸 곳곳으로 산소뿐 아니라 단백질, 비타민 등 영양분을 실어 나르는 역할을 하지. 또, 몸속에서 생겨난 이산화탄소를 허파로 가져가 바깥으로 내보내고, 몸속 노폐물을 간이나 콩팥으로 보내 분해시키도록 만들어.

그 밖에도 피는 우리 몸의 열이 골고루 퍼질 수 있도록 돕는단다. 혈액 순환이 잘 되지 않으면 팔다리가 차가워지고 저리게 되지. 그건 피가 몸 곳곳으로 열을 나눠 주지 못해서 생기는 현상이야.

혈구

면역물질 생성중!

침입자를 감시하라!

그럼 혈액 세포는 뭐예요?

백혈구나 적혈구에 대해서는 들어 봤을 거야. 백혈구는 몸속으로 세균이나 바이러스 같은 침입자가 들어오면 막아 주는 군대 같은 것이란다.

백혈구는 우리 몸을 질병으로부터 보호하는 혈액 세포야. 세균이나 바이러스 같은 이물질이 몸속에 들어오면 잡아먹는 일을 하지.

적혈구는 헤모글로빈이라는 붉은색 단백질을 이용해 산소를 운반하는 혈액 세포란다.

혈소판 역시 혈액 세포의 하나이지. 혈소판은 상처가 났을 때 피를 멈추게 하는 역할을 해. 몸속에 혈소판이 부족해지면 멍이 잘 들고 쉽게 코피가 나지.

코, 코피다! 으앙~

영차! 영차! 산소를 운반하라!

또 코피야? 멈추게 돕자!

[피의 성분]

피가 무지개 색깔이라면?

| 4월 6일 목요일 | 날씨 무지개 미끄럼틀이 생긴 날 |

코딱지를 파다가 코피가 났다. 빨간 피가 주르륵 흘렀다. 휴지를 콧구멍에 쑤셔 넣다가 갑자기 생각한 것인데 피가 빨주노초파남보 무지개 색깔이면 어떨까? 내가 이다음에 커서 과학자가 되면 무지개 색깔 피를 만들어 봐야겠다. 어쩌면 내 아이디어가 인기가 좋아서 전 세계 사람들이 색깔 피를 갖고 싶어 할지도 모르잖아?

그런데 피는 붉은색인데 팔목이나 허벅지의 핏줄은 왜 푸른 걸까?

알짜배기 과학 상식

팔목에 비친 핏줄은 왜 푸르게 보일까?

피는 아주 빨갛다고만 생각하지. 그런데 모든 피가 다 붉은색은 아니란다. 손등을 한번 살펴봐. 피가 붉은색이라면 핏줄도 붉게 보여야겠지만, 팔목이나 손등에 비친 핏줄은 푸르게 보일 거야. 그건 핏줄마다 흐르는 피의 색이 다르기 때문이야.

> 손등을 흐르는 피만 다른 종류인 건 아닐까요?

아니. 붉은 피가 흐르는데도 핏줄이 푸르게 보이는 건 피부를 통해서 핏줄이 보이기 때문이지. 우리 팔목에 흐르는 핏줄은 정맥이야. 정맥은 심장으로 다시 들어가는 피라서 산소가 부족해 검붉은 색이지. 그런데 피부인 살색을 통해 검붉은 색과 살색이 섞여 보여서 푸르게 보이는 거야.

> 피가 붉게 보이는 건 왜 그런 거지요?

피가 붉게 보이는 건 적혈구 안에 들어 있는 헤모글로빈이라는 물질 때문이야. 헤모글로빈은 산소를 꼭 붙드는 역할을 하지.

체하거나, 몸이 안 좋을 때 손이나 발을 따 보면 거무스름한 피가 나오지. 그건 몸속에 이산화탄소가 많기 때문에 헤모글로빈이 산소와 제대로 결합하지 못해서 그런 것이란다.

산소를 많이 갖고 있는 건강한 피는 헤모글로빈과 산소가 찰떡처럼 착 달라붙어서 아주 붉게 보이지. 심장에서 나오는 핏줄을 동맥, 심장으로 들어오는 핏줄을 정맥이라고 한다는 얘기는 기억하지? 보통 동맥에는 산소가 풍부하고, 정맥은 이산화탄소와 노폐물이 많은 편이란다.

[피가 지나가는 길, 혈관]

차는 도로로, 피는 혈관으로!

| 4월 8일 토요일 | 날씨 차 안 공기가 뜨거워진 날 |

엄마는 성미가 급하다. 차만 타면 성격이 바뀐다. 도로에 차가 막히니까 엄마가 슬슬 변하기 시작했다. 엄마의 얼굴이 커지면서 점점 빨개졌다. 빨간 풍선 같았다. 난 엄마가 정말로 걱정되었다.
"엄마, 온몸의 피가 얼굴로 다 몰리나 봐! 엄마, 피가 부족하겠어!"
다행히 사고가 난 자동차는 치워졌고, 엄마의 빨간 풍선도 스르륵 사라졌다. 휴, 엄마가 화산처럼 폭발하지 않아 다행이다. 그런데 차가 지나는 길은 도로라고 하는데, 피가 지나는 길은 뭐라고 하지?

피는 어떻게 온몸으로 다니는 걸까?

피가 지나가는 길을 혈관이라고 해. 혈관에는 동맥, 모세 혈관(실핏줄), 정맥 세 가지가 있지. 사람의 몸은 무려 13만km에 달하는 혈관이 거미줄처럼 촘촘하게 짜여 있어.

피가 지나가는 길 가운데 동맥은 심장에서 나온 피를 몸 곳곳으로 내보내는 일을 해. 동맥은 심장의 강한 압력을 견딜 수 있어야 하기 때문에 아주 두껍고 탄력 있는 근육이 발달해 있지.

모세 혈관은 몸 곳곳에 그물처럼 뻗어 있어. 모세 혈관은 주로 영양분과 노폐물을 교환하는 일을 하는데, 아주 얇은 세포층을 갖고 있단다. 그 세포층 사이로 몸속 조직에 필요한 산소와 영양분이 공급되고, 이산화탄소와 노폐물이 옮겨지는 거야.

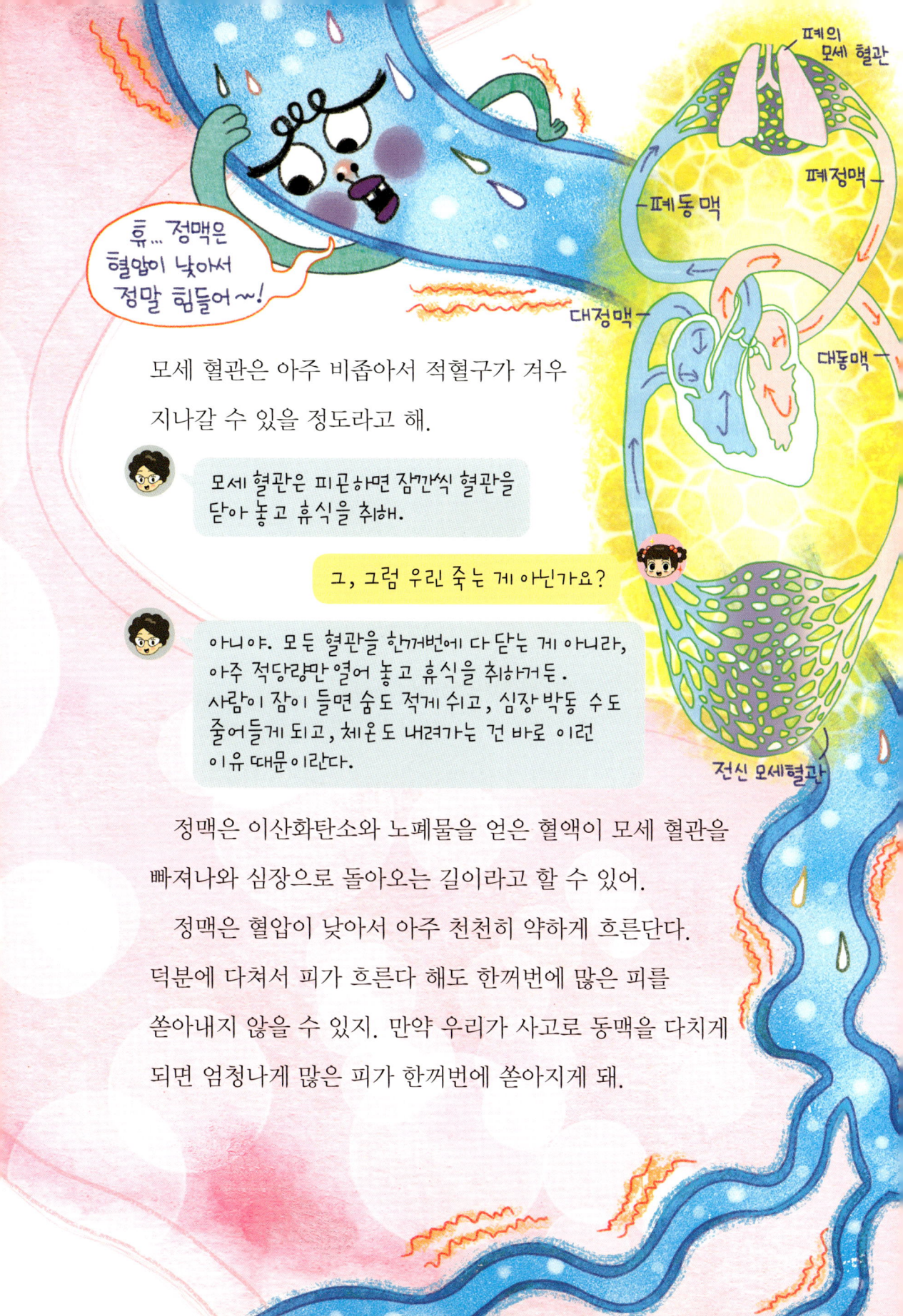

휴... 정맥은 혈압이 낮아서 정말 힘들어~!

모세 혈관은 아주 비좁아서 적혈구가 겨우 지나갈 수 있을 정도라고 해.

모세 혈관은 피곤하면 잠깐씩 혈관을 닫아 놓고 휴식을 취해.

그, 그럼 우린 죽는 게 아닌가요?

아니야. 모든 혈관을 한꺼번에 다 닫는 게 아니라, 아주 적당량만 열어 놓고 휴식을 취하거든. 사람이 잠이 들면 숨도 적게 쉬고, 심장박동 수도 줄어들게 되고, 체온도 내려가는 건 바로 이런 이유 때문이란다.

정맥은 이산화탄소와 노폐물을 얻은 혈액이 모세 혈관을 빠져나와 심장으로 돌아오는 길이라고 할 수 있어.
정맥은 혈압이 낮아서 아주 천천히 약하게 흐른단다. 덕분에 다쳐서 피가 흐른다 해도 한꺼번에 많은 피를 쏟아내지 않을 수 있지. 만약 우리가 사고로 동맥을 다치게 되면 엄청나게 많은 피가 한꺼번에 쏟아지게 돼.

[사람마다 고유한 혈액형]

내 음식은 먹으면 안 돼!

4월 10일 월요일 | 날씨 차가운 아이스크림이 생각난 날

얼마 전에 민지한테서 서로 다른 혈액형끼리는 피를 나눠 줄 수 없다는 얘기를 들었다. 우리 엄마는 A형이고 아빠는 O형이다. 나는 A형이고 미미는 O형이다. 애기는 뭔지 잘 모르겠다. 그런데 O형은 아무한테나 피를 줄 수 있다고 한다. 미미는 안 됐다. 엄마가 다쳐도 피를 나눠 줘야 하고, 내가 다쳐도 피를 나눠 줘야 한다. 애기가 다쳐도 피를 나눠 주어야만 할 거다. 그런데 혈액형이 다른 사람의 피를 받으면 어떻게 되지?

혈액형이 다른 사람의 피를 수혈받으면 어떻게 될까?

사람마다 피의 종류가 다르다는 거 알고 있니? 피의 종류를 '혈액형'이라고 하지. 사고나 수술로 피를 갑자기 많이 흘리게 되면 우리는 급히 다른 사람의 피를 수혈받아야만 해. 이때 자기의 혈액형과 같은 피를 수혈받지 않으면 죽음에 이르게 되지.

 요즘은 혈액형에 대해 모두 알고 있지만 불과 100여 년 전만 하더라도 혈액형이 뭔지 몰랐어. 그래서 사고가 나도 피를 수혈받을 수 없었단다.

 그땐 사람마다 혈액형이 다르고 같은 혈액형끼리 수혈해야 생명을 구할 수 있다는 사실을 몰랐나요?

피에 대해 제대로 연구를 시작한 게 겨우 1900년대부터란다.

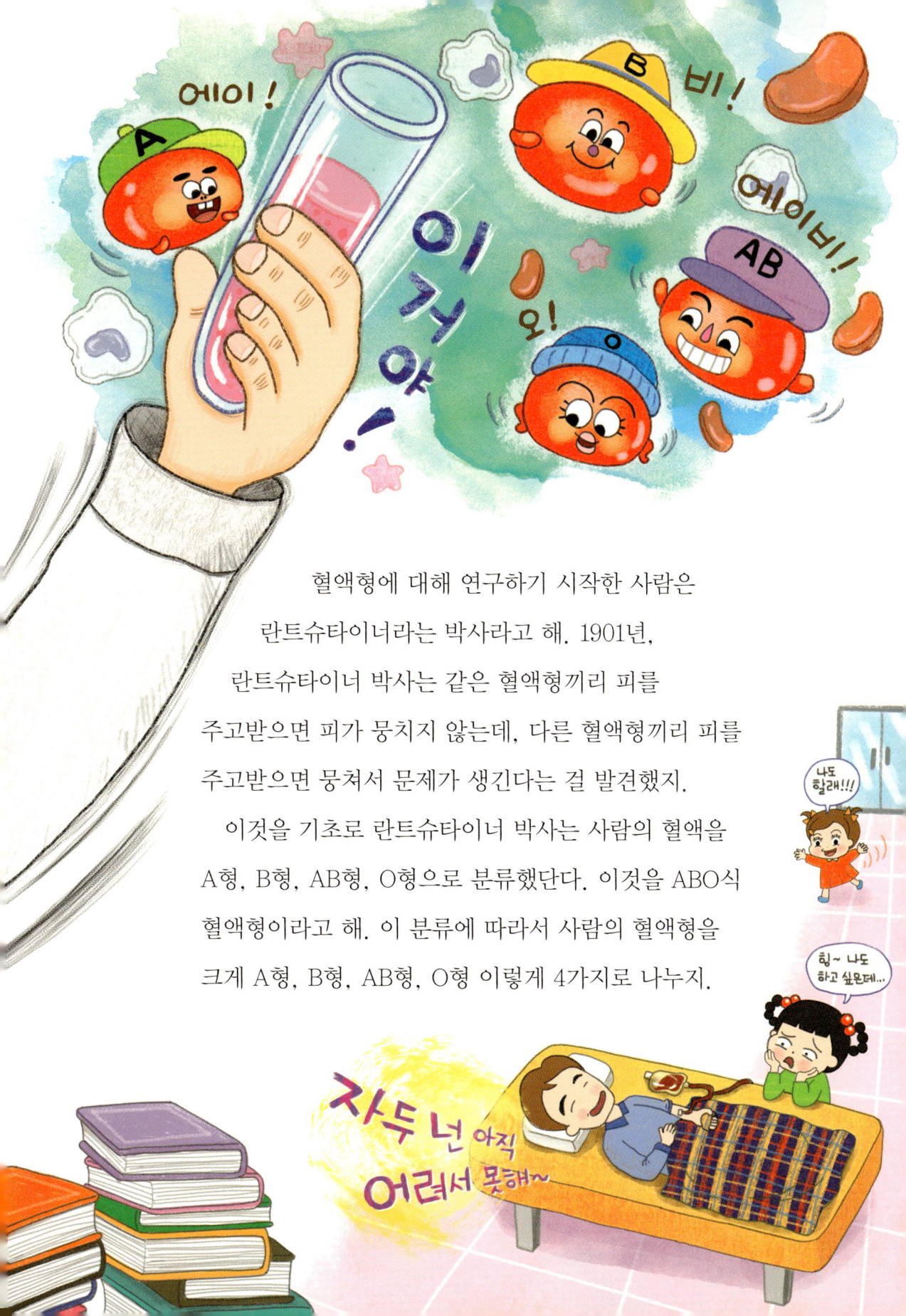

혈액형에 대해 연구하기 시작한 사람은 란트슈타이너라는 박사라고 해. 1901년, 란트슈타이너 박사는 같은 혈액형끼리 피를 주고받으면 피가 뭉치지 않는데, 다른 혈액형끼리 피를 주고받으면 뭉쳐서 문제가 생긴다는 걸 발견했지.

이것을 기초로 란트슈타이너 박사는 사람의 혈액을 A형, B형, AB형, O형으로 분류했단다. 이것을 ABO식 혈액형이라고 해. 이 분류에 따라서 사람의 혈액형을 크게 A형, B형, AB형, O형 이렇게 4가지로 나누지.

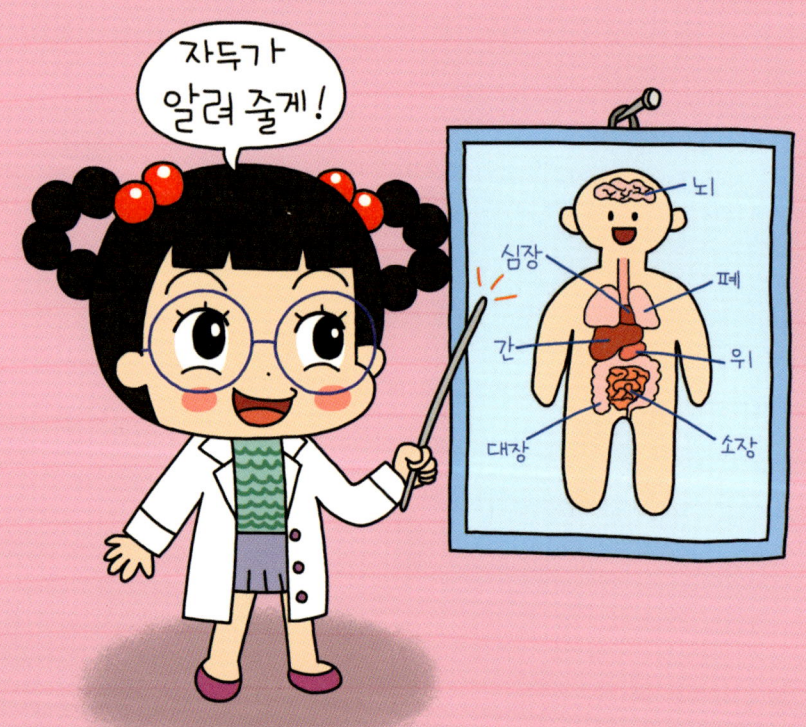

4장 우리 몸을 이루는 기관

01 뇌는 슈퍼컴퓨터
조그만 뇌가 어떻게 우리 몸을 움직인다고?

02 심장처럼 부지런해야 해
심장은 어떻게 쉬지 않고 뛰는 걸까?

03 뱃속에 든 거지
음식물은 어떻게 소화가 될까?

04 간 때문이야!
간은 어떤 일을 할까?

05 쓸개가 빠졌다고?
쓸개는 어떤 일을 할까?

06 허리가 잘록해지려면
허파는 어떻게 숨을 들이쉬고 내쉬게 할까?

07 윽, 불났어!
방귀에 불을 붙이면 붙을까?

[신기한 뇌]
뇌는 슈퍼컴퓨터

4월 12일 수요일 | 날씨 변덕쟁이 마녀 같은 날씨

뇌는 한꺼번에 수천, 수만 개의 일을 동시에 처리한다고 한다. 밥 먹으면 맛을 느껴야 하고, 동시에 침도 만들어야 하고, 위장도 움직여야 하고, 피도 움직이게 해야 하고, 심장도 뛰게 해야 하고, 냄새도 맡아야 하는 등 여러 가지 일을 한꺼번에 하는 것이다. 그런데 왜 공부는 한꺼번에 안 되는 걸까? 국어 공부도 하면서 동시에 수학 공부도 할 수 있다면 시험 볼 때마다 100점 맞을 수 있을 텐데. 그런데 뇌는 어떻게 우리 몸을 다 움직이는 거지?

알짜배기 과학 상식

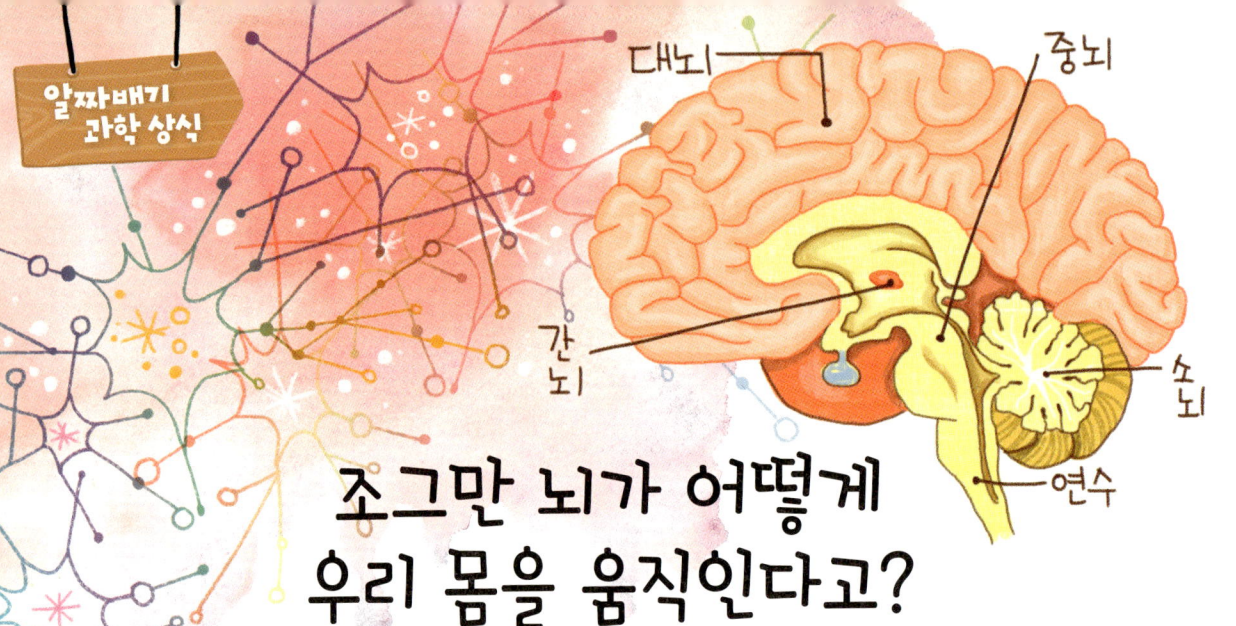

조그만 뇌가 어떻게 우리 몸을 움직인다고?

뇌는 온몸의 신경을 움직이게 하고, 생각을 하게 하지. 뇌를 구성하는 세포는 약 1천억 개가 넘는다고 해. 이 신경 세포들은 쉬지 않고 움직여서 근육과 심장, 소화 기관을 조절하고, 생각하고 기억하고, 움직이게 만들지.

뇌는 크게 대뇌, 간뇌, 소뇌, 중뇌, 연수로 구분되는데 각자 담당하고 있는 일이 달라. 대뇌의 앞부분은 기억을 불러오는 일을 하고, 뒷부분은 시각을 담당해. 대뇌는 몸무게의 약 2%밖에 안 되는 작은 무게를 가진 기관이지만 몸에서 흡수한 산소의 20% 이상을 쓴단다.

간뇌는 몸 상태를 조절하는 역할을 해. 날이 더워지면 땀을 흘리는 것도, 온도가 내려가면 몸에 열이 나게 하는 것도 모두 간뇌가 담당하는 일이지.

소뇌는 운동 신경을 담당해. 몸이 회전하는 것도, 방향을 알아차리는 것도, 균형을 잡는 것도 모두 소뇌가 하는 일이지. 운동 신경이 뛰어난 사람은 소뇌가 발달한 거란다.

연수는 심장 박동을 조절해. 만일 연수를 다친다면 심장이 멈춰 버리고 말겠지. 연수에서는 심장 박동 조절 말고도 혈관을 수축시키거나 이완시키는 일, 재채기나 구토, 딸꾹질 등을 하도록 조절한단다.

응급실에 가면 의사가 환자의 눈꺼풀을 열어서 살펴보지. 이건 눈동자와 연결된 뇌의 반응을 살펴보는 거야.

난 또 눈에 뭐가 들어갔을까봐 걱정하는 건 줄 알았네.

무릎이나 팔꿈치에 자극을 주는 것도 뇌가 신경계를 제대로 움직이고 있는지 살펴보는 것이란다.

[멈추지 않는 심장]

심장처럼 부지런해야 해

시계는 아침부터 똑딱똑딱 쉬지 않고 일하지.

그런데 사람의 몸에는 시계보다 부지런한 게 있어.

그게 뭔데?

응?

바로 심장이야!

심장이 부지런하다고?

음하하~!

난 심장처럼 부지런한 사람이 될 거야. 하루 종일 쉬지 않고 공부할 거야.

헉!

난 시, 싫다.

4월 13일 목요일 | 날씨 상큼한 봄바람에 두근두근한 날

심장은 태어나서부터 죽을 때까지 1초도 쉬지 않고 일을 한다고 한다. 심장은 정말 불쌍하다. 평생 고생만 하고, 쉬지도 못하고 죽는 것이기 때문이다. 나는 누구보다 심장에게 잘해 줘야겠다고 다짐했다. 그런데 심장에게 잘해 주려면 무얼 어떻게 해야 되는 건지 잘 모르겠다. 우선 심장이 놀라지 않게 무서운 영화를 조금만 봐야지. 그런데 심장은 왜 이렇게 쉬지 않고 뛰는 거지?

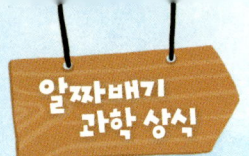
알짜배기 과학 상식

심장은 어떻게 쉬지 않고 뛰는 걸까?

심장은 크기가 주먹만 한 정도로 작은 기관이야. 하지만 그 어떤 기관보다 튼튼하고 힘이 세지. 청진기로 심장 뛰는 소리를 들으면 쿠르릉 쾅쾅 자동차의 엔진이 움직이는 것처럼 우렁찬 소리가 들린단다.

보통 심장은 1분에 70~90번을 뛴단다. 심장은 사람이 태어나서부터 죽을 때까지 잠시도 쉬지 않고 일을 해. 사람의 심장 박동 수를 1분에 70회로 계산했을 때, 70세쯤 되면 심장이 무려 25억 번 이상을 뛰게 된다고 해.

> 심장도 쉬어야 할 텐데, 어떻게 계속 쉬지 않고 일 할 수 있는 거죠?

튼튼!

좌심방
좌심실
우심방
우심실

> 에이~ 무슨 자동차가 내 엔진보다 약해?!

두근 두근!!

그 비밀은 바로 심장 위쪽의 작은 심방 두 개와 아래쪽에 있는 큰 심실 두 개에 있단다. 심장은 모두 네 개의 방으로 이루어져 있지. 심방이 오므라들면 심실도 뒤따라 오므라들고 다시 펴지기를 반복해. 그러니까 네 개의 방이 번갈아 가면서 움직이는 거라고 생각하면 쉽겠구나.

아, 그러니까 번갈아 가면서 조금씩 쉬는 거로군요.

또 한 가지, 심장을 쉬게 해 주는 방법이 있지. 바로 숨을 천천히 깊게 들이쉬고 느리게 내뱉는 거야. 그러면 심장이 약간 느리게 뛸 수 있게 되거든.

건강하고 싶다면 마음을 느긋하게 갖는 자세가 중요해. 참, 몸무게가 많이 나가는 사람일수록 심장이 더 크단다. 덩치가 큰만큼 혈관이 더 넓게 퍼져 있기 때문에 심장이 저절로 커지는 거지. 살이 찌면 그만큼 심장이 여러 번 뛰어야만 해. 몸속 곳곳으로 피를 전달하려면 더 빨리, 더 세게 움직여야 하는 거지.

[우리 몸의 소화 기관]

뱃속에 든 거지

| 4월 15일 토요일 | 날씨 포근함은 있고 포만감은 없는 날 |

이상하다. 나는 먹어도 먹어도 배가 고프다. 방금 밥을 먹었는데도 치킨이 먹고 싶고, 방금 치킨을 먹었는데도 피자가 먹고 싶어진다. 엄마는 내 뱃속에 거지가 들어 있어서 그런 거라고 했다. 엄마 말이 사실이라면 내 몸속에는 또 다른 사람이 살고 있다는 뜻이잖아! 그 거지는 '한 푼 줍쇼!'라고 하지 않고 '먹을 것 좀 주세요!'라고 하는 걸까? 앞으론 그 거지를 위해서라도 밥을 더 많이 먹어야겠다. 그런데 진짜 나를 배고프게 만드는 것은 무엇일까?

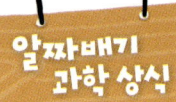

알짜배기 과학 상식

음식물은 어떻게 소화가 될까?

우리가 입으로 음식을 삼키면 목구멍을 통해 위장까지 가게 된단다. 위장은 음식이 들어오면 쪼그라들었다가 펴지는 연동 운동을 계속해. 그래서 음식물이 위액과 잘 버무려지도록 만들지.

간이나 이자도 소화 효소를 만들어 주고, 소화를 돕지만 대부분의 일은 위장, 소장, 대장이 도맡아 한단다.

위에서는 아주 강한 산이 나온단다. 위산은 화장실 바닥 타일을 녹일 정도로 강하지. 덕분에 음식물에 묻어온 세균들이 모두 죽을 수 있는 거란다.

꼬불꼬불한 소장은 위에서 내려온 음식물이 머무는 곳이야. 어느 정도 소화가 된 음식은 소장으로 내려가게 되는데, 이곳에서 각종 영양분들이 몸속으로 흡수되게 되지.

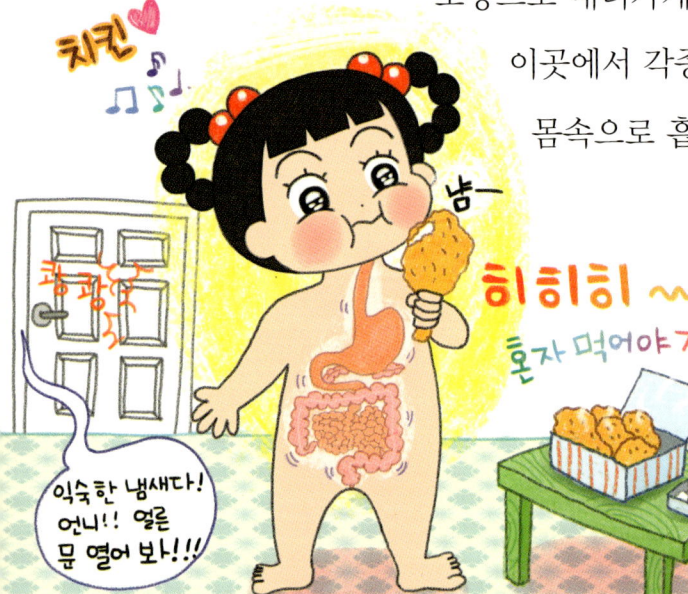

 소장에는 융털이라는 아주 작은 털이 수없이 나 있어. 융털에는 미세한 주름과 돌기가 빽빽하게 있는데, 이곳으로 영양분이 흡수되는 거란다.

대장이 소장보다 훨씬 큰가요?

대장은 이름이 대장이지만 사실 소장보다 아주 짧아. 대장의 길이는 겨우 소장의 4분의 1 정도밖에 되지 않는단다. 소장이 영양분을 모두 흡수하고 나면 남은 찌꺼기들을 대장으로 보내. 대장은 위장과 달리 세균들이 득실거리지. 이 세균들을 '대장균'이라고 하는데, 이것은 찌꺼기의 분해를 돕고 비타민 B와 비타민 K를 만든단다. 대장은 음식물 찌꺼기에 남아 있는 물을 주로 흡수해. 그리고 남은 찌꺼기는 똥이 되어 몸 밖으로 나갈 수 있도록 해 주지.

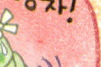

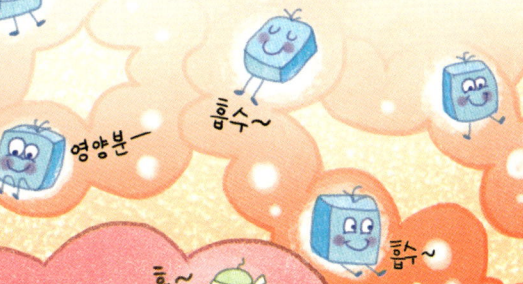

[심장만큼 바쁜 간]

간 때문이야!

| 4월 16일 일요일 | 날씨 하늘이 엄청 예쁜 날 |

<토끼와 거북>이라는 동화를 읽었다. 용왕님의 병을 낫게 하려면 토끼의 간이 꼭 필요하다고 했다. 그래서 거북이 토끼의 간을 구하러 갔다가 오히려 토끼에게 속는다는 내용이다. 내 생각에 용왕은 참 어리석은 것 같다. 나라면 홍삼이나 인삼을 먹었을 텐데, 그러면 간도 튼튼해지고 몸도 튼튼해졌을 텐데 왜 굳이 작은 토끼의 간을 먹겠다고 하는 걸까. 대체 간이 얼마나 중요하기에 용왕이 찾은 걸까?

알짜배기 과학 상식

간은 어떤 일을 할까?

위장, 소장, 대장을 거쳐 걸러진 영양분들이 다 어디로 가는 줄 아니? 대부분 간으로 간단다. 영양분을 받아들인 간은 우리 몸 곳곳에 필요한 에너지를 만들어. 그 밖에도 간은 무려 5백여 가지의 크고 작은 일들을 한단다.

> 단백질 음식은 간에 아주 좋지. 하지만 너무 많이 먹으면 오히려 간에 무리가 가서 건강을 해칠 수 있게 돼. 그러니 뭐든 적당히 먹는 게 좋단다.

> 간은 또 어떤 일을 하지요?

간은 혈구를 없애는 일도 해. 수명이 다해서 죽은 적혈구를 분해해서 몸 밖으로 내보내는 일 역시 간이 하는 것이지. 그러니 간이 제 역할을 못하게 되면 몸에 큰 병이 생기는 거란다.

간은 세포막이나 성호르몬이 되는 콜레스테롤을 만들기도 하고, 당을 지방으로 바꾸는 일도 해. 우리가 밥을 많이 먹으면 살이 찌는데, 이것은 간이 당을 지방으로 바꿔 버리기 때문에 그런 거지.

간은 각종 호르몬을 만들어 내고 필요 없는 호르몬을 없애는 역할도 하지. 여자의 몸에서도 남성 호르몬이 만들어지고, 남자의 몸에서도 여성 호르몬이 만들어져. 그런데 간이 서로 다른 성별의 호르몬을 없애 주기 때문에 남자는 남자다울 수 있고, 여자는 여자다울 수 있단다.

[똑똑한 조수, 쓸개]

쓸개가 빠졌다고?

4월 17일 월요일 | 날씨 여우가 시집간 날

뉴스에서 곰이 쓸개를 빼앗기고 있다는 소식을 들었다. 곰쓸개가 몸에 좋기 때문에 사람들이 살아 있는 곰을 잡아서 쓸개를 빼낸다는 것이었다. 세상에, 쓸개가 대체 먼데 사람들이 너도나도 먹고 싶어 하는 걸까? 아빠한테 물었더니 쓸개는 육식 동물에게만 있는 거라고 한다. 말이나, 코끼리, 염소나 사슴 같은 초식 동물에게는 쓸개가 없다는 것이다. 갑자기 쓸개가 하는 일이 궁금해진다. 쓸개, 대체 너의 정체는 무엇이냐!

알짜배기 과학 상식

쓸개는 어떤 일을 할까?

쓸개는 간 아래에 붙어 있는 작은 기관이야. 길이가 7~8cm 정도 되고 폭은 4cm 정도 되는 손바닥만 한 기관이지. 그런데 이 작은 기관은 아주 많은 일을 한단다. 쓸개는 우선 간에서 만들어진 쓸개즙을 저장하는 일을 해. 이 즙은 지방을 소화시키는 데 아주 중요한 역할을 하지. 만약 쓸개즙이 없다면 지방을 제대로 소화시킬 수가 없어.

> 초식 동물에게 쓸개가 없는 이유는 바로 이것 때문이지. 초식 동물은 고기를 먹지 않으니까 지방을 소화시킬 필요가 없고, 그러니 쓸개가 발달할 필요가 없겠지?

> 그래서 곰쓸개가 유명하군요?

육식 동물은 고기를 주로 먹으니 쓸개가 무척 발달해야만 하는 거야. 쓸개즙은 녹색에 가까운 묽은 액체란다. 사람들이 주로 몸에 좋다며 먹는 곰의 쓸개는 '웅담'이라는 거야. 사람들은 웅담이 간에 아주 좋을

거라고 생각하지. 물론 일부 효과는 있을 수 있어. 하지만 이것은 과학적인 근거를 가지고 생각한 게 아니란다. 곰처럼 힘이 세고 고기를 많이 먹는 동물의 소화를 돕는 기관인 쓸개라면 그만큼 몸에도 좋을 거라는 막연한 생각 때문에 사람들은 곰의 쓸개가 좋다고 생각하게 된 거야.

그럼 곰은 괜히 쓸개를 빼앗기게 되는 거로군요!

그런 셈이지.

쓸개즙은 하루에 1천cc 이상 분비되지만 쓸개 속으로 들어가면 50~60cc 정도의 짙은 원액으로 저장된다고 해. 이것이 지방을 소화시킬 때 필요한 만큼 흘러나와서 소화를 돕는 것이지.

쓸개가 얼마나 중요한데!! 나쁜 사냥꾼!!

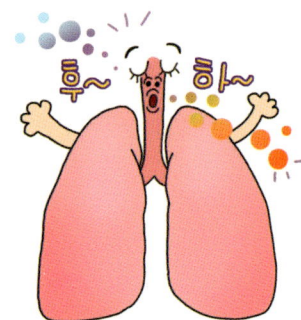

숨을 들이쉬고 내쉬는 허파

허리가 잘록해지려면

| 4월 18일 화요일 | 날씨 자두를 닮은 구름을 본 날 |

나는 허파가 허리에 있는 건 줄 알았다. 그래서 허리가 날씬한 사람들은 모두 허파가 작은 거라고 생각했다. 그런데 허파는 허리가 아니라 갈비뼈 속에 있다고 한다. 숨을 들이쉬면 허파가 풍선처럼 부풀어 오르고, 숨을 내쉬면 허파가 쪼그라든다는 것이다. 숨을 흡! 하고 참으면 허리가 더 날씬해지는 이유는 뭘까? 숨을 참으면 뱃가죽이 등에 착 달라붙으면서 틀림없이 허리가 작아지는 느낌인데……. 그런데 허파는 어떻게 숨을 쉬게 해 주는 거지?

알짜배기 과학 상식

허파는 어떻게 숨을 들이쉬고 내쉬게 할까?

허파를 '폐'라고도 한단다. 허파는 맑은 공기를 가득 채워 주고, 이산화탄소를 밖으로 내보내는 주머니 같은 곳이야. 허파는 숨을 들이켜 맑은 공기를 몸속으로 끌어들이고, 숨을 내뱉어 몸속을 돌고 나온 이산화탄소와 가스 등을 밖으로 내뿜지. 숨을 들이켜는 것을 '들숨'이라고 하고, 내뱉는 것을 '날숨'이라고 한단다.

사람은 보통 1분에 들숨과 날숨을 17~20번 정도 되풀이해. 대신 잠을 잘 때는 그 횟수가 조금 줄어들지.

허파는 오른쪽과 왼쪽, 양쪽에 있는 기관이야. 오른쪽 허파는 세 부분으로 나뉘어 있고 왼쪽 허파는 두 부분으로 나뉘어 있지.

왜 오른쪽과 왼쪽의 모양이 달라요?

조금만 더 버텨 줘 폐야~

조금만 참으면 이긴다…

1, 2, 3, 4, 5, 6, 7,

[몸속에 찬 가스 방귀]

윽, 불났어!

| 4월 20일 목요일 | 날씨 미세먼지랑 방귀 때문에 매콤한 날 |

우리 아빠 방귀는 정말 지독하다. 아빠가 방귀를 뀌면 집 안에 불이 난 것처럼 연기가 가득하다. 눈도 맵고, 코도 맹맹하고 속도 울렁거릴 정도랄까. 방귀는 몸속에서 나오는 가스라는데, 우리 아빠의 몸속에는 가스 발전소가 있는 것 같다. 그러니 시도 때도 없이 뿡뿡! 방귀가 나오지. 그런데 만약 방귀가 가스라면 불을 붙여도 되는 걸까? 가스에 불을 붙이면 불꽃이 화르르 일어나는 것처럼 방귀에다 불을 붙이면 정말 불이 붙을까?

알짜배기 과학 상식

방귀에 불을 붙이면 붙을까?

우리가 음식물을 삼키면 음식과 함께 공기도 몸속으로 들어가게 된단다. 식도를 지나 위장으로 간 음식물은 잘게 분해되어 소화가 되고, 함께 들어간 공기는 몸속 기관을 통과해 밖으로 나오게 되지. 이때 항문으로 뿡 하고 빠져나오는 기체가 방귀가 되는 거란다.

사람의 방귀 속에는 약 2백여 종의 가스가 포함되어 있다고 해. 물론 이 가운데는 불을 붙게 만드는 메탄도 섞여 있지.

헉, 그럼 방귀에 불을 붙이면 정말 불이 붙을 수도 있는 건가요?

가스에 불이 붙으려면 메탄의 농도가 5% 이상이어야만 해. 하지만 몸속에서 나온 방귀는 메탄의 농도가 그만큼 짙지 않지.

사람의 장에서는 하루에 500~4,000㎖의 가스가 만들어져. 이 가운데 약 300㎖ 정도는 방귀로 배출이 되고 나머지는 몸속의 기관이나, 혈관 속으로 흡수되어서 숨을 쉴 때마다 몸 밖으로 빠져나가게 되지.

300㎖ 정도의 가스를 바깥으로 내보내려면 적어도 10번 정도는 방귀를 뀌어야만 해. 그러니까 사람들은 자기도 모르는 사이 하루에 10번 정도는 방귀를 뀌는 셈이지.

회식에서 회, 고기, 치킨에 술까지~

뿌우웅~ 뽕 뽕! 빵!

경제를 놀이처럼 쉽고 재미있게!
스마트한 세 살 경제 습관이 여든 간다!

아빠가 알려 주는 경제 이야기

부자가 되고 싶다고요?
자유롭게 돈을 쓰면서 살고 싶다고요?
《태토의 부자 되는 시간》에는
부자가 되는 비밀이 들어 있어요!
똑똑한 경제 동화가 미래의 나를
부자로 만들어 줄 거예요!

어른도 아이도 재미있는 경제보드게임
미래의 부자를 꿈꾸며 재미있는 게임 한 판!

신비아파트 학습 보드게임

카드 게임도 하고
속담, **고사성어**, **국기**도 익히고!

www.haksanpub.co.kr (주)학산문화사 문의 02-828-8962